Workweek Meals
for the
Busy Family

A Weekly Planner

@ Journals and Notebooks

Date : _____________________

	Breakfast	Lunch	Dinner
Monday			
Tuesday			
Wednesday			
Thursaday			
Friday			
Saturday			
Sunday			

To Do
List

☐ _____________________
☐ _____________________
☐ _____________________
☐ _____________________
☐ _____________________
☐ _____________________
☐ _____________________
☐ _____________________
☐ _____________________
☐ _____________________

Date : _________________

	Breakfast	Lunch	Dinner
Monday			
Tuesday			
Wednesday			
Thursaday			
Friday			
Saturday			
Sunday			

To Do List

☐ _______________
☐ _______________
☐ _______________
☐ _______________
☐ _______________

☐ _______________
☐ _______________
☐ _______________
☐ _______________

Date : _________________

	Breakfast	Lunch	Dinner
Monday			
Tuesday			
Wednesday			
Thursaday			
Friday			
Saturday			
Sunday			

To Do List

Date : ______________________

	Breakfast	Lunch	Dinner
Monday			
Tuesday			
Wednesday			
Thursaday			
Friday			
Saturday			
Sunday			

To Do List

☐ ______________________
☐ ______________________
☐ ______________________
☐ ______________________
☐ ______________________   ☐ ______________________
☐ ______________________   ☐ ______________________
☐ ______________________   ☐ ______________________
☐ ______________________   ☐ ______________________

Date : _____________________

	Breakfast	Lunch	Dinner
Monday			
Tuesday			
Wednesday			
Thursaday			
Friday			
Saturday			
Sunday			

To Do List

☐ _______________
☐ _______________
☐ _______________
☐ _______________

☐ _______________
☐ _______________
☐ _______________
☐ _______________
☐ _______________

Date : ___________________

	Breakfast	Lunch	Dinner
Monday			
Tuesday			
Wednesday			
Thursaday			
Friday			
Saturday			
Sunday			

To Do List

☐ _______________
☐ _______________
☐ _______________
☐ _______________
☐ _______________

☐ _______________
☐ _______________
☐ _______________
☐ _______________

Date : _________________

	Breakfast	Lunch	Dinner
Monday			
Tuesday			
Wednesday			
Thursaday			
Friday			
Saturday			
Sunday			

To Do
List

☐ ____________________
☐ ____________________
☐ ____________________
☐ ____________________

☐ ____________________
☐ ____________________
☐ ____________________
☐ ____________________

Date : _______________

	Breakfast	Lunch	Dinner
Monday			
Tuesday			
Wednesday			
Thursaday			
Friday			
Saturday			
Sunday			

To Do List

☐ _______________
☐ _______________
☐ _______________
☐ _______________
☐ _______________
☐ _______________

☐ _______________
☐ _______________
☐ _______________
☐ _______________

Date : _________________

	Breakfast	Lunch	Dinner
Monday			
Tuesday			
Wednesday			
Thursaday			
Friday			
Saturday			
Sunday			

To Do List

☐ _______________________
☐ _______________________
☐ _______________________

☐ _______________________
☐ _______________________
☐ _______________________
☐ _______________________

☐ _______________________
☐ _______________________
☐ _______________________
☐ _______________________

Date : _________________

	Breakfast	Lunch	Dinner
Monday			
Tuesday			
Wednesday			
Thursaday			
Friday			
Saturday			
Sunday			

To Do
List

Date : _________________

	Breakfast	Lunch	Dinner
Monday			
Tuesday			
Wednesday			
Thursaday			
Friday			
Saturday			
Sunday			

To Do List

☐ _______________
☐ _______________
☐ _______________
☐ _______________

☐ _______________
☐ _______________
☐ _______________
☐ _______________

Date : _______________________

	Breakfast	Lunch	Dinner
Monday			
Tuesday			
Wednesday			
Thursaday			
Friday			
Saturday			
Sunday			

To Do List

☐ _______________________
☐ _______________________
☐ _______________________
☐ _______________________
☐ _______________________
☐ _______________________

☐ _______________________
☐ _______________________
☐ _______________________
☐ _______________________

Date : _________________

	Breakfast	Lunch	Dinner
Monday			
Tuesday			
Wednesday			
Thursaday			
Friday			
Saturday			
Sunday			

To Do List

- ☐ _______________
- ☐ _______________
- ☐ _______________
- ☐ _______________
- ☐ _______________
- ☐ _______________
- ☐ _______________
- ☐ _______________
- ☐ _______________
- ☐ _______________

Date : _________________

	Breakfast	Lunch	Dinner
Monday			
Tuesday			
Wednesday			
Thursaday			
Friday			
Saturday			
Sunday			

To Do List

☐ _________________
☐ _________________
☐ _________________

☐ _________________
☐ _________________
☐ _________________
☐ _________________

☐ _________________
☐ _________________

Date : _________________

	Breakfast	Lunch	Dinner
Monday			
Tuesday			
Wednesday			
Thursaday			
Friday			
Saturday			
Sunday			

To Do List

- ☐ _________________
- ☐ _________________
- ☐ _________________
- ☐ _________________
- ☐ _________________
- ☐ _________________
- ☐ _________________
- ☐ _________________

Date : _______________

	Breakfast	Lunch	Dinner
Monday			
Tuesday			
Wednesday			
Thursaday			
Friday			
Saturday			
Sunday			

To Do List

☐ _______________
☐ _______________
☐ _______________
☐ _______________
☐ _______________
☐ _______________
☐ _______________
☐ _______________
☐ _______________
☐ _______________
☐ _______________
☐ _______________

Date : _________________

	Breakfast	Lunch	Dinner
Monday			
Tuesday			
Wednesday			
Thursaday			
Friday			
Saturday			
Sunday			

To Do List

☐ _______________________
☐ _______________________
☐ _______________________
☐ _______________________

☐ _______________________
☐ _______________________
☐ _______________________
☐ _______________________
☐ _______________________
☐ _______________________

Date : ________________

	Breakfast	Lunch	Dinner
Monday			
Tuesday			
Wednesday			
Thursaday			
Friday			
Saturday			
Sunday			

To Do
List

- ☐ _______________
- ☐ _______________
- ☐ _______________
- ☐ _______________
- ☐ _______________

- ☐ _______________
- ☐ _______________
- ☐ _______________
- ☐ _______________

Date : _______________

	Breakfast	Lunch	Dinner
Monday			
Tuesday			
Wednesday			
Thursaday			
Friday			
Saturday			
Sunday			

To Do List

☐ _______________
☐ _______________
☐ _______________
☐ _______________

☐ _______________
☐ _______________
☐ _______________
☐ _______________
☐ _______________

Date : ________________

	Breakfast	Lunch	Dinner
Monday			
Tuesday			
Wednesday			
Thursaday			
Friday			
Saturday			
Sunday			

To Do List

- [ ] __________________
- [ ] __________________
- [ ] __________________
- [ ] __________________
- [ ] __________________
- [ ] __________________
- [ ] __________________
- [ ] __________________
- [ ] __________________
- [ ] __________________

Date : ________________

	Breakfast	Lunch	Dinner
Monday			
Tuesday			
Wednesday			
Thursaday			
Friday			
Saturday			
Sunday			

To Do List

☐ ______________
☐ ______________
☐ ______________
☐ ______________
☐ ______________
☐ ______________
☐ ______________
☐ ______________
☐ ______________
☐ ______________
☐ ______________
☐ ______________

Date : _______________

	Breakfast	Lunch	Dinner
Monday			
Tuesday			
Wednesday			
Thursaday			
Friday			
Saturday			
Sunday			

To Do List

☐ _______________
☐ _______________
☐ _______________

☐ _______________
☐ _______________
☐ _______________
☐ _______________

☐ _______________
☐ _______________

Date : _________________

	Breakfast	Lunch	Dinner
Monday			
Tuesday			
Wednesday			
Thursaday			
Friday			
Saturday			
Sunday			

To Do List

☐ _______________
☐ _______________
☐ _______________
☐ _______________

☐ _______________   ☐ _______________
☐ _______________   ☐ _______________
☐ _______________   ☐ _______________
☐ _______________   ☐ _______________

Date : _________________

	Breakfast	Lunch	Dinner
Monday			
Tuesday			
Wednesday			
Thursaday			
Friday			
Saturday			
Sunday			

To Do List

☐ ____________________
☐ ____________________
☐ ____________________
☐ ____________________
☐ ____________________

☐ ____________________
☐ ____________________
☐ ____________________
☐ ____________________

Date : _________________

	Breakfast	Lunch	Dinner
Monday			
Tuesday			
Wednesday			
Thursaday			
Friday			
Saturday			
Sunday			

To Do
List

☐ ________________
☐ ________________
☐ ________________
☐ ________________
☐ ________________
☐ ________________
☐ ________________
☐ ________________
☐ ________________
☐ ________________
☐ ________________
☐ ________________

Date : ________________________

	Breakfast	Lunch	Dinner
Monday			
Tuesday			
Wednesday			
Thursaday			
Friday			
Saturday			
Sunday			

To Do List

☐ ________________________
☐ ________________________
☐ ________________________
☐ ________________________

☐ ________________________
☐ ________________________
☐ ________________________
☐ ________________________

Date : _______________

	Breakfast	Lunch	Dinner
Monday			
Tuesday			
Wednesday			
Thursaday			
Friday			
Saturday			
Sunday			

To Do List

☐ _______________
☐ _______________
☐ _______________
☐ _______________

☐ _______________
☐ _______________
☐ _______________
☐ _______________

Date : _________________

	Breakfast	Lunch	Dinner
Monday			
Tuesday			
Wednesday			
Thursaday			
Friday			
Saturday			
Sunday			

To Do List

☐ _________________
☐ _________________
☐ _________________
☐ _________________
☐ _________________
☐ _________________
☐ _________________
☐ _________________
☐ _________________
☐ _________________

Date : _________________

	Breakfast	Lunch	Dinner
Monday			
Tuesday			
Wednesday			
Thursaday			
Friday			
Saturday			
Sunday			

To Do List

☐ _______________
☐ _______________
☐ _______________
☐ _______________
☐ _______________
☐ _______________
☐ _______________
☐ _______________
☐ _______________
☐ _______________

Date : _________________

	Breakfast	Lunch	Dinner
Monday			
Tuesday			
Wednesday			
Thursaday			
Friday			
Saturday			
Sunday			

To Do List

☐ _______________
☐ _______________
☐ _______________
☐ _______________
☐ _______________
☐ _______________
☐ _______________
☐ _______________

Date : _______________

	Breakfast	Lunch	Dinner
Monday			
Tuesday			
Wednesday			
Thursaday			
Friday			
Saturday			
Sunday			

To Do
List

☐ _______________
☐ _______________
☐ _______________
☐ _______________
☐ _______________
☐ _______________

☐ _______________
☐ _______________
☐ _______________
☐ _______________

Date : _______________________

	Breakfast	Lunch	Dinner
Monday			
Tuesday			
Wednesday			
Thursaday			
Friday			
Saturday			
Sunday			

To Do List

- ☐ _______________
- ☐ _______________
- ☐ _______________
- ☐ _______________
- ☐ _______________
- ☐ _______________
- ☐ _______________
- ☐ _______________
- ☐ _______________
- ☐ _______________

Date : _____________________

	Breakfast	Lunch	Dinner
Monday			
Tuesday			
Wednesday			
Thursaday			
Friday			
Saturday			
Sunday			

To Do List

☐ _____________________
☐ _____________________
☐ _____________________
☐ _____________________
☐ _____________________

☐ _____________________
☐ _____________________
☐ _____________________
☐ _____________________

Date : _______________

	Breakfast	Lunch	Dinner
Monday			
Tuesday			
Wednesday			
Thursaday			
Friday			
Saturday			
Sunday			

To Do
List

☐ _______________
☐ _______________
☐ _______________
☐ _______________

☐ _______________
☐ _______________
☐ _______________
☐ _______________
☐ _______________
☐ _______________

Date : _______________

	Breakfast	Lunch	Dinner
Monday			
Tuesday			
Wednesday			
Thursaday			
Friday			
Saturday			
Sunday			

To Do List

☐ ___________________
☐ ___________________
☐ ___________________
☐ ___________________

☐ ___________________
☐ ___________________
☐ ___________________
☐ ___________________

Date : ___________________

	Breakfast	Lunch	Dinner
Monday			
Tuesday			
Wednesday			
Thursaday			
Friday			
Saturday			
Sunday			

To Do List

☐ _______________
☐ _______________
☐ _______________
☐ _______________
☐ _______________
☐ _______________
☐ _______________
☐ _______________
☐ _______________
☐ _______________

Date : _____________________

	Breakfast	Lunch	Dinner
Monday			
Tuesday			
Wednesday			
Thursaday			
Friday			
Saturday			
Sunday			

To Do List

☐ _____________________
☐ _____________________
☐ _____________________
☐ _____________________
☐ _____________________
☐ _____________________
☐ _____________________
☐ _____________________
☐ _____________________
☐ _____________________

Date : _____________________

	Breakfast	Lunch	Dinner
Monday			
Tuesday			
Wednesday			
Thursaday			
Friday			
Saturday			
Sunday			

To Do
List

☐ _____________________
☐ _____________________
☐ _____________________
☐ _____________________
☐ _____________________

☐ _____________________
☐ _____________________
☐ _____________________
☐ _____________________

Date : _________________

	Breakfast	Lunch	Dinner
Monday			
Tuesday			
Wednesday			
Thursaday			
Friday			
Saturday			
Sunday			

To Do List

☐ _______________________
☐ _______________________
☐ _______________________
☐ _______________________
☐ _______________________
☐ _______________________
☐ _______________________

☐ _______________________
☐ _______________________
☐ _______________________
☐ _______________________

Date : _________________

	Breakfast	Lunch	Dinner
Monday			
Tuesday			
Wednesday			
Thursaday			
Friday			
Saturday			
Sunday			

To Do List

☐ _______________
☐ _______________
☐ _______________
☐ _______________

☐ _______________
☐ _______________
☐ _______________
☐ _______________
☐ _______________

Date : ______________________

	Breakfast	Lunch	Dinner
Monday			
Tuesday			
Wednesday			
Thursaday			
Friday			
Saturday			
Sunday			

To Do List

☐ __________________
☐ __________________
☐ __________________
☐ __________________
☐ __________________
☐ __________________
☐ __________________
☐ __________________
☐ __________________
☐ __________________
☐ __________________

Date : _______________

	Breakfast	Lunch	Dinner
Monday			
Tuesday			
Wednesday			
Thursaday			
Friday			
Saturday			
Sunday			

To Do
List

Date : _________________

	Breakfast	Lunch	Dinner
Monday			
Tuesday			
Wednesday			
Thursaday			
Friday			
Saturday			
Sunday			

To Do List

Date : _______________

	Breakfast	Lunch	Dinner
Monday			
Tuesday			
Wednesday			
Thursaday			
Friday			
Saturday			
Sunday			

To Do List

☐ _______________
☐ _______________
☐ _______________
☐ _______________
☐ _______________
☐ _______________
☐ _______________
☐ _______________
☐ _______________
☐ _______________

Date : _______________

	Breakfast	Lunch	Dinner
Monday			
Tuesday			
Wednesday			
Thursaday			
Friday			
Saturday			
Sunday			

To Do List

Date : _______________

	Breakfast	Lunch	Dinner
Monday			
Tuesday			
Wednesday			
Thursaday			
Friday			
Saturday			
Sunday			

To Do List

- ☐ ____________________
- ☐ ____________________
- ☐ ____________________
- ☐ ____________________
- ☐ ____________________
- ☐ ____________________
- ☐ ____________________
- ☐ ____________________
- ☐ ____________________
- ☐ ____________________

Date : _________________

	Breakfast	Lunch	Dinner
Monday			
Tuesday			
Wednesday			
Thursaday			
Friday			
Saturday			
Sunday			

To Do
List

Date : _______________

	Breakfast	Lunch	Dinner
Monday			
Tuesday			
Wednesday			
Thursaday			
Friday			
Saturday			
Sunday			

To Do List

☐ _______________
☐ _______________
☐ _______________
☐ _______________
☐ _______________
☐ _______________
☐ _______________
☐ _______________
☐ _______________
☐ _______________
☐ _______________
☐ _______________

Date : _________________

	Breakfast	Lunch	Dinner
Monday			
Tuesday			
Wednesday			
Thursaday			
Friday			
Saturday			
Sunday			

To Do List

- ☐ _______________
- ☐ _______________
- ☐ _______________
- ☐ _______________
- ☐ _______________
- ☐ _______________
- ☐ _______________
- ☐ _______________

Date : _______________

	Breakfast	Lunch	Dinner
Monday			
Tuesday			
Wednesday			
Thursaday			
Friday			
Saturday			
Sunday			

To Do List

☐ _______________
☐ _______________
☐ _______________

☐ _______________   ☐ _______________
☐ _______________   ☐ _______________
☐ _______________   ☐ _______________
☐ _______________   ☐ _______________

Date : _______________

	Breakfast	Lunch	Dinner
Monday			
Tuesday			
Wednesday			
Thursaday			
Friday			
Saturday			
Sunday			

To Do List

☐ _______________
☐ _______________
☐ _______________
☐ _______________
☐ _______________
☐ _______________
☐ _______________
☐ _______________
☐ _______________
☐ _______________

Date : _________________

	Breakfast	Lunch	Dinner
Monday			
Tuesday			
Wednesday			
Thursaday			
Friday			
Saturday			
Sunday			

To Do List

☐ _______________
☐ _______________
☐ _______________
☐ _______________
☐ _______________

☐ _______________
☐ _______________
☐ _______________
☐ _______________

Date : _________________

	Breakfast	Lunch	Dinner
Monday			
Tuesday			
Wednesday			
Thursaday			
Friday			
Saturday			
Sunday			

To Do List

☐ _______________
☐ _______________
☐ _______________

☐ _______________
☐ _______________
☐ _______________
☐ _______________

☐ _______________
☐ _______________
☐ _______________
☐ _______________

Date : _________________

	Breakfast	Lunch	Dinner
Monday			
Tuesday			
Wednesday			
Thursaday			
Friday			
Saturday			
Sunday			

To Do List

☐ _______________
☐ _______________
☐ _______________
☐ _______________

☐ _______________
☐ _______________
☐ _______________
☐ _______________
☐ _______________

Date : ______________

	Breakfast	Lunch	Dinner
Monday			
Tuesday			
Wednesday			
Thursaday			
Friday			
Saturday			
Sunday			

To Do List

- ☐ ______________
- ☐ ______________
- ☐ ______________
- ☐ ______________
- ☐ ______________
- ☐ ______________
- ☐ ______________
- ☐ ______________

Date : _________________________

	Breakfast	Lunch	Dinner
Monday			
Tuesday			
Wednesday			
Thursaday			
Friday			
Saturday			
Sunday			

To Do
List

☐ _______________
☐ _______________
☐ _______________
☐ _______________
☐ _______________   ☐ _______________
☐ _______________   ☐ _______________
☐ _______________   ☐ _______________
☐ _______________   ☐ _______________

Date : _______________

	Breakfast	Lunch	Dinner
Monday			
Tuesday			
Wednesday			
Thursaday			
Friday			
Saturday			
Sunday			

To Do List

- ☐ _______________
- ☐ _______________
- ☐ _______________
- ☐ _______________
- ☐ _______________
- ☐ _______________
- ☐ _______________
- ☐ _______________
- ☐ _______________
- ☐ _______________

Date : _______________

	Breakfast	Lunch	Dinner
Monday			
Tuesday			
Wednesday			
Thursaday			
Friday			
Saturday			
Sunday			

To Do List

☐ ____________________
☐ ____________________
☐ ____________________
☐ ____________________
☐ ____________________
☐ ____________________
☐ ____________________
☐ ____________________
☐ ____________________
☐ ____________________

Date : _________________

	Breakfast	Lunch	Dinner
Monday			
Tuesday			
Wednesday			
Thursaday			
Friday			
Saturday			
Sunday			

To Do List

☐ ____________________
☐ ____________________
☐ ____________________

☐ ____________________   ☐ ____________________
☐ ____________________   ☐ ____________________
☐ ____________________   ☐ ____________________
☐ ____________________   ☐ ____________________

Date : _________________

	Breakfast	Lunch	Dinner
Monday			
Tuesday			
Wednesday			
Thursaday			
Friday			
Saturday			
Sunday			

To Do List

☐ _______________
☐ _______________
☐ _______________
☐ _______________

☐ _______________   ☐ _______________
☐ _______________   ☐ _______________
☐ _______________
☐ _______________

Date : ________________

	Breakfast	Lunch	Dinner
Monday			
Tuesday			
Wednesday			
Thursaday			
Friday			
Saturday			
Sunday			

To Do List

☐ _______________
☐ _______________
☐ _______________

☐ _______________
☐ _______________
☐ _______________
☐ _______________

☐ _______________
☐ _______________

Date : _________________

	Breakfast	Lunch	Dinner
Monday			
Tuesday			
Wednesday			
Thursaday			
Friday			
Saturday			
Sunday			

To Do List

Date : _________________

	Breakfast	Lunch	Dinner
Monday			
Tuesday			
Wednesday			
Thursaday			
Friday			
Saturday			
Sunday			

To Do
List

☐ ______________________
☐ ______________________
☐ ______________________

☐ ______________________
☐ ______________________
☐ ______________________
☐ ______________________

☐ ______________________
☐ ______________________
☐ ______________________
☐ ______________________

Date : _________________

	Breakfast	Lunch	Dinner
Monday			
Tuesday			
Wednesday			
Thursaday			
Friday			
Saturday			
Sunday			

To Do List

☐ ________________
☐ ________________
☐ ________________

☐ ________________
☐ ________________
☐ ________________
☐ ________________
☐ ________________
☐ ________________
☐ ________________
☐ ________________

Date : _________________

	Breakfast	Lunch	Dinner
Monday			
Tuesday			
Wednesday			
Thursaday			
Friday			
Saturday			
Sunday			

To Do List

- ☐ ______________
- ☐ ______________
- ☐ ______________
- ☐ ______________

- ☐ ______________
- ☐ ______________
- ☐ ______________
- ☐ ______________

Date : _________________

	Breakfast	Lunch	Dinner
Monday			
Tuesday			
Wednesday			
Thursaday			
Friday			
Saturday			
Sunday			

To Do List

☐ _______________
☐ _______________
☐ _______________
☐ _______________
☐ _______________
☐ _______________
☐ _______________
☐ _______________
☐ _______________
☐ _______________

Date : _________________

	Breakfast	Lunch	Dinner
Monday			
Tuesday			
Wednesday			
Thursaday			
Friday			
Saturday			
Sunday			

To Do List

☐ _______________
☐ _______________
☐ _______________
☐ _______________

☐ _______________   ☐ _______________
☐ _______________   ☐ _______________
☐ _______________   ☐ _______________
☐ _______________   ☐ _______________

Date : _________________

	Breakfast	Lunch	Dinner
Monday			
Tuesday			
Wednesday			
Thursaday			
Friday			
Saturday			
Sunday			

To Do List

☐ ______________________
☐ ______________________
☐ ______________________

☐ ______________________
☐ ______________________
☐ ______________________
☐ ______________________

☐ ______________________
☐ ______________________
☐ ______________________
☐ ______________________

Date : _______________

	Breakfast	Lunch	Dinner
Monday			
Tuesday			
Wednesday			
Thursaday			
Friday			
Saturday			
Sunday			

To Do List

☐ _______________
☐ _______________
☐ _______________
☐ _______________
☐ _______________
☐ _______________
☐ _______________
☐ _______________
☐ _______________
☐ _______________
☐ _______________
☐ _______________

Date : ________________

	Breakfast	Lunch	Dinner
Monday			
Tuesday			
Wednesday			
Thursaday			
Friday			
Saturday			
Sunday			

To Do List

☐ ______________________
☐ ______________________
☐ ______________________
☐ ______________________

☐ ______________________
☐ ______________________
☐ ______________________
☐ ______________________

Date : _________________

	Breakfast	Lunch	Dinner
Monday			
Tuesday			
Wednesday			
Thursaday			
Friday			
Saturday			
Sunday			

To Do List

☐ _______________________
☐ _______________________
☐ _______________________
☐ _______________________
☐ _______________________
☐ _______________________
☐ _______________________
☐ _______________________
☐ _______________________
☐ _______________________

Date : _______________

	Breakfast	Lunch	Dinner
Monday			
Tuesday			
Wednesday			
Thursaday			
Friday			
Saturday			
Sunday			

To Do List

☐ _______________
☐ _______________
☐ _______________
☐ _______________
☐ _______________
☐ _______________
☐ _______________
☐ _______________
☐ _______________
☐ _______________

Date : _______________

	Breakfast	Lunch	Dinner
Monday			
Tuesday			
Wednesday			
Thursaday			
Friday			
Saturday			
Sunday			

To Do List

☐ _______________
☐ _______________
☐ _______________
☐ _______________
☐ _______________
☐ _______________

☐ _______________
☐ _______________
☐ _______________
☐ _______________

Date : ________________

	Breakfast	Lunch	Dinner
Monday			
Tuesday			
Wednesday			
Thursaday			
Friday			
Saturday			
Sunday			

To Do List

☐ ____________________
☐ ____________________
☐ ____________________
☐ ____________________
☐ ____________________
☐ ____________________

☐ ____________________
☐ ____________________
☐ ____________________
☐ ____________________

Date : _______________

	Breakfast	Lunch	Dinner
Monday			
Tuesday			
Wednesday			
Thursaday			
Friday			
Saturday			
Sunday			

To Do List

☐ _______________
☐ _______________
☐ _______________
☐ _______________
☐ _______________
☐ _______________
☐ _______________
☐ _______________
☐ _______________

Date : _______________

	Breakfast	Lunch	Dinner
Monday			
Tuesday			
Wednesday			
Thursaday			
Friday			
Saturday			
Sunday			

To Do List

☐ _______________
☐ _______________
☐ _______________
☐ _______________
☐ _______________
☐ _______________
☐ _______________

☐ _______________
☐ _______________
☐ _______________
☐ _______________

Date : _________________

	Breakfast	Lunch	Dinner
Monday			
Tuesday			
Wednesday			
Thursaday			
Friday			
Saturday			
Sunday			

To Do List

☐ _______________
☐ _______________
☐ _______________
☐ _______________
☐ _______________

☐ _______________
☐ _______________
☐ _______________
☐ _______________

Date : ________________

	Breakfast	Lunch	Dinner
Monday			
Tuesday			
Wednesday			
Thursaday			
Friday			
Saturday			
Sunday			

To Do
List

☐ _______________
☐ _______________
☐ _______________
☐ _______________
☐ _______________
☐ _______________
☐ _______________
☐ _______________
☐ _______________
☐ _______________

Date : _________________

	Breakfast	Lunch	Dinner
Monday			
Tuesday			
Wednesday			
Thursaday			
Friday			
Saturday			
Sunday			

To Do
List

Date : _______________

	Breakfast	Lunch	Dinner
Monday			
Tuesday			
Wednesday			
Thursaday			
Friday			
Saturday			
Sunday			

To Do
List

☐ _______________
☐ _______________
☐ _______________

☐ _______________
☐ _______________
☐ _______________
☐ _______________

☐ _______________
☐ _______________
☐ _______________
☐ _______________

Date : _________________

	Breakfast	Lunch	Dinner
Monday			
Tuesday			
Wednesday			
Thursaday			
Friday			
Saturday			
Sunday			

To Do
List

☐ _______________
☐ _______________
☐ _______________
☐ _______________

☐ _______________   ☐ _______________
☐ _______________   ☐ _______________
☐ _______________
☐ _______________

Date : _________________

	Breakfast	Lunch	Dinner
Monday			
Tuesday			
Wednesday			
Thursaday			
Friday			
Saturday			
Sunday			

To Do List

- ☐ _________________
- ☐ _________________
- ☐ _________________
- ☐ _________________
- ☐ _________________
- ☐ _________________
- ☐ _________________
- ☐ _________________
- ☐ _________________
- ☐ _________________

Date : _________________

	Breakfast	Lunch	Dinner
Monday			
Tuesday			
Wednesday			
Thursaday			
Friday			
Saturday			
Sunday			

To Do
List

☐ _______________________
☐ _______________________
☐ _______________________

☐ _______________________
☐ _______________________
☐ _______________________

☐ _______________________
☐ _______________________
☐ _______________________
☐ _______________________

Date : ________________

	Breakfast	Lunch	Dinner
Monday			
Tuesday			
Wednesday			
Thursaday			
Friday			
Saturday			
Sunday			

To Do
List

Date : _______________________

	Breakfast	Lunch	Dinner
Monday			
Tuesday			
Wednesday			
Thursaday			
Friday			
Saturday			
Sunday			

To Do
List

☐ _______________
☐ _______________
☐ _______________
☐ _______________
☐ _______________
☐ _______________
☐ _______________
☐ _______________
☐ _______________
☐ _______________
☐ _______________
☐ _______________

Date : _________________

	Breakfast	Lunch	Dinner
Monday			
Tuesday			
Wednesday			
Thursaday			
Friday			
Saturday			
Sunday			

To Do List

☐ _______________
☐ _______________
☐ _______________
☐ _______________
☐ _______________
☐ _______________
☐ _______________
☐ _______________
☐ _______________
☐ _______________

Date : _________________

	Breakfast	Lunch	Dinner
Monday			
Tuesday			
Wednesday			
Thursaday			
Friday			
Saturday			
Sunday			

To Do
List

Date : _________________

	Breakfast	Lunch	Dinner
Monday			
Tuesday			
Wednesday			
Thursaday			
Friday			
Saturday			
Sunday			

To Do
List

☐ _________________
☐ _________________
☐ _________________
☐ _________________

☐ _________________
☐ _________________
☐ _________________
☐ _________________

☐ _________________
☐ _________________

Date : _________________

	Breakfast	Lunch	Dinner
Monday			
Tuesday			
Wednesday			
Thursaday			
Friday			
Saturday			
Sunday			

To Do List

☐ _______________
☐ _______________
☐ _______________
☐ _______________ ☐ _______________
☐ _______________ ☐ _______________
☐ _______________ ☐ _______________
☐ _______________ ☐ _______________

Date : ______________________

	Breakfast	Lunch	Dinner
Monday			
Tuesday			
Wednesday			
Thursaday			
Friday			
Saturday			
Sunday			

To Do List

☐ ____________________
☐ ____________________
☐ ____________________
☐ ____________________
☐ ____________________
☐ ____________________
☐ ____________________
☐ ____________________
☐ ____________________
☐ ____________________
☐ ____________________
☐ ____________________

Date : _________________

	Breakfast	Lunch	Dinner
Monday			
Tuesday			
Wednesday			
Thursaday			
Friday			
Saturday			
Sunday			

To Do List

Date : _______________

	Breakfast	Lunch	Dinner
Monday			
Tuesday			
Wednesday			
Thursaday			
Friday			
Saturday			
Sunday			

To Do List

- [ ] _______________
- [ ] _______________
- [ ] _______________
- [ ] _______________
- [ ] _______________
- [ ] _______________
- [ ] _______________
- [ ] _______________
- [ ] _______________
- [ ] _______________

Date : _________________

	Breakfast	Lunch	Dinner
Monday			
Tuesday			
Wednesday			
Thursaday			
Friday			
Saturday			
Sunday			

To Do
List

☐ _______________
☐ _______________
☐ _______________
☐ _______________
☐ _______________
☐ _______________
☐ _______________
☐ _______________

Date : ________________

	Breakfast	Lunch	Dinner
Monday			
Tuesday			
Wednesday			
Thursaday			
Friday			
Saturday			
Sunday			

To Do List

☐ ___________________________
☐ ___________________________
☐ ___________________________
☐ ___________________________

☐ ___________________________
☐ ___________________________
☐ ___________________________
☐ ___________________________

Date : _________________

	Breakfast	Lunch	Dinner
Monday			
Tuesday			
Wednesday			
Thursaday			
Friday			
Saturday			
Sunday			

To Do List

☐ _____________________
☐ _____________________
☐ _____________________
☐ _____________________
☐ _____________________
☐ _____________________

☐ _____________________
☐ _____________________
☐ _____________________
☐ _____________________

Date : _____________________

	Breakfast	Lunch	Dinner
Monday			
Tuesday			
Wednesday			
Thursaday			
Friday			
Saturday			
Sunday			

To Do
List

☐ _____________________
☐ _____________________
☐ _____________________
☐ _____________________
☐ _____________________
☐ _____________________
☐ _____________________

☐ _____________________
☐ _____________________
☐ _____________________
☐ _____________________

Date : _________________

	Breakfast	Lunch	Dinner
Monday			
Tuesday			
Wednesday			
Thursaday			
Friday			
Saturday			
Sunday			

To Do
List

☐ _______________
☐ _______________
☐ _______________
☐ _______________

☐ _______________
☐ _______________
☐ _______________
☐ _______________
☐ _______________

Date : ________________

	Breakfast	Lunch	Dinner
Monday			
Tuesday			
Wednesday			
Thursaday			
Friday			
Saturday			
Sunday			

To Do List

- ☐ ____________________
- ☐ ____________________
- ☐ ____________________
- ☐ ____________________
- ☐ ____________________
- ☐ ____________________
- ☐ ____________________
- ☐ ____________________
- ☐ ____________________
- ☐ ____________________

Date : ________________

	Breakfast	Lunch	Dinner
Monday			
Tuesday			
Wednesday			
Thursaday			
Friday			
Saturday			
Sunday			

To Do List

☐ ________________
☐ ________________
☐ ________________
☐ ________________

☐ ________________
☐ ________________
☐ ________________
☐ ________________

Date : _________________

	Breakfast	Lunch	Dinner
Monday			
Tuesday			
Wednesday			
Thursaday			
Friday			
Saturday			
Sunday			

To Do List

☐ _______________
☐ _______________
☐ _______________
☐ _______________

☐ _______________
☐ _______________
☐ _______________
☐ _______________

☐ _______________
☐ _______________

Date : _______________

	Breakfast	Lunch	Dinner
Monday			
Tuesday			
Wednesday			
Thursaday			
Friday			
Saturday			
Sunday			

To Do List

Date : _________________

	Breakfast	Lunch	Dinner
Monday			
Tuesday			
Wednesday			
Thursaday			
Friday			
Saturday			
Sunday			

To Do List

☐ _______________
☐ _______________
☐ _______________
☐ _______________
☐ _______________
☐ _______________
☐ _______________
☐ _______________
☐ _______________
☐ _______________

Date : ________________

	Breakfast	Lunch	Dinner
Monday			
Tuesday			
Wednesday			
Thursaday			
Friday			
Saturday			
Sunday			

To Do List

☐ _______________
☐ _______________
☐ _______________

☐ _______________
☐ _______________

☐ _______________
☐ _______________
☐ _______________
☐ _______________

Date : _________________

	Breakfast	Lunch	Dinner
Monday			
Tuesday			
Wednesday			
Thursaday			
Friday			
Saturday			
Sunday			

To Do List

☐ ___________________
☐ ___________________
☐ ___________________
☐ ___________________
☐ ___________________
☐ ___________________
☐ ___________________
☐ ___________________
☐ ___________________
☐ ___________________

www.ingramcontent.com/pod-product-compliance
Lightning Source LLC
Chambersburg PA
CBHW081311250726
48662CB00008B/2518